Angelo Chiuchiù - Giuseppe Asciak Pace - Marion Asciak Pace

Italiano in Chiesa

arte e
metodo

Guerra Edizioni

Ringraziamo di cuore Padre Enzo Coli, Custode del Sacro Convento di Assisi, per i preziosi consigli.

In copertna:
Perugino, Adorazione dei Magi
Città della Pieve, Oratorio di Santa Maria dei Bianchi (1504)

Guerra Edizioni

www.guerra-edizioni.com

I edizione
© Copyright 2007
Guerra Edizioni - Perugia

ISBN 978-88-557-0033-7

Guerra Edizioni
via Aldo Manna 25 - Perugia (Italia)
tel. +39 075 5289090
fax +39 075 5288244
e-mail: geinfo@guerra-edizioni.com
www.guerra-edizioni.com

Progetto grafico
salt & pepper_perugia

Stampa
Guerra guru s.r.l. - Perugia.

indice

INTRODUZIONE

La competenza lessicale richiede la capacità di conoscere e di sapere usare il lessico di una lingua.
Con il moltiplicarsi dei saperi assumono un ruolo di primaria importanza l'insegnamento e l'apprendimento
dei linguaggi settoriali, o sottocodici: da quelli tradizionali ai più recenti legati alla nascita di nuove discipline.

Il sottocodice presenta caratteristiche differenti rispetto alla lingua comune in quanto contiene termini specialistici
che esulano dal linguaggio quotidiano, e altri ancora a cui è stato conferito un significato specifico, sganciandoli
dal loro uso abituale.

Il volume si prefigge lo scopo di avviare gli apprendenti allo sviluppo del lessico pertinente al sottocodice
religioso cattolico. Naturalmente al suo interno si è tenuto conto delle varie suddivisioni per impostare con
metodo il discorso riguardo ai criteri dell'ampiezza e della varietà.

La fruizione può avvenire in maniera flessibile poiché trascende le barriere dei vari livelli comuni di
riferimento, ovviando così alla frustrazione provata dall'apprendente che, cammin facendo, si trova ad
imparare una lingua straniera con una motivazione precisa, senza la possibilità di avere subito a disposizione
le parole e le espressioni di cui necessita per poter comunicare in un determinato dominio della vita sociale.

Le mire operative del libro sono state pensate relativamente alle aree:
- *delle preghiere;*
- *dei canti religiosi;*
- *del catechismo;*
- *del linguaggio scritturale;*
- *dell'organizzazione gerarchica;*
- *delle feste principali, fisse e mobili.*

Una serie d'illustrazioni che riguardano gli *arredi sacri* è un *glossario
essenziale* italiano – inglese sono posti al fondo dell'edizione.

Il testo è accompagnato da un cd che contiene la registrazione del primo capitolo:
Preghiere. Le preghiere, lette dall'attore Marco Brancato, sono introdotte da un
commento musicale curato dal M.° Stefano Ragni.

Gli Autori

Preghiere

Giotto
Affresco
Padova, Cappella degli Scrovegni
Storie della Madonna. La preghiera
per la fioritura delle verghe

Segno della croce

traccia 2

Nel nome del Padre e del Figlio e dello Spirito Santo. *Amen.*

Padre nostro

traccia 3

Padre nostro, che sei nei cieli, sia santificato il tuo nome, venga il tuo regno, sia fatta la tua volontà, come in cielo così in terra.
Dacci oggi il nostro pane quotidiano, e rimetti a noi i nostri debiti come noi li rimettiamo ai nostri debitori, e non ci indurre in tentazione, ma liberaci dal male. *Amen.*

Ave Maria

traccia 4

Ave, o Maria, piena di grazia, il Signore è con te. Tu sei benedetta fra le donne e benedetto è il frutto del tuo seno, Gesù. Santa Maria, madre di Dio, prega per noi peccatori, adesso e nell'ora della nostra morte. *Amen.*

Gloria al Padre

traccia 5

Gloria al Padre e al Figlio e allo Spirito Santo. Come era nel principio, ora e sempre, nei secoli dei secoli. *Amen.*

L'eterno riposo

traccia 6

L'eterno riposo dona loro, o Signore, e splenda ad essi la luce perpetua. Riposino in pace. *Amen.*

Angelus

traccia 7

L'angelo del Signore portò l'annunzio a Maria
Ed ella concepì per opera dello Spirito Santo. Ave Maria...
Eccomi, sono la serva del Signore.
Si compia in me la tua parola. Ave Maria...
E il Verbo si fece carne.
E venne ad abitare in mezzo a noi. Ave Maria...
Prega per noi, santa Madre di Dio.
Perché siamo resi degni delle promesse di Cristo.

Preghiamo
Infondi nel nostro spirito la tua grazia, o Padre; tu, che nell'annunzio dell'angelo ci hai rivelato l'incarnazione del tuo Figlio, per la sua passione e la sua croce guidaci alla gloria della risurrezione. Per Cristo nostro Signore. *Amen.*
Gloria al Padre...

Regina del cielo

traccia 8

Regina dei cieli, rallegrati, alleluia.
Cristo, che hai portato nel grembo, alleluia,
è risorto, come aveva promesso, alleluia.
Prega il Signore per noi, alleluia.
Rallegrati, Vergine Maria, alleluia.
Il Signore è veramente risorto, alleluia.

Preghiamo
O Dio, che nella gloriosa risurrezione del tuo Figlio hai ridato la gioia al mondo intero, per intercessione di Maria Vergine, concedi a noi di godere la gioia della vita senza fine. Per Cristo nostro Signore. *Amen*

Rosario

traccia 9

Misteri della gioia (*da recitare lunedì e sabato*)

L'annuncio dell' Angelo a Maria.
La visita di Maria a Elisabetta.
La nascita di Gesù a Betlemme.
La presentazione di Gesù al Tempio.
Il ritrovamento di Gesù nel Tempio.

Misteri della luce (*da recitare giovedì*)

Il battesimo di Gesù al Giordano.
L'autorivelazione di Gesù alle nozze di Cana.
L'annuncio del Regno di Dio con l'invito alla conversione.
La trasfigurazione di Gesù sul Tabor.
L'istituzione dell'Eucaristia.

Misteri del dolore (*da recitare martedì e venerdì*)

Gesù nell'orto degli ulivi.
Gesù flagellato alla colonna.
Gesù è coronato di spine.
Gesù sale al Calvario.
Gesù muore in croce.

Misteri della gloria (*da recitare mercoledì e domenica*)

Gesù risorge da morte.
Gesù ascende al cielo.
La discesa dello Spirito Santo.
L'assunzione di Maria al cielo.
Maria, Regina del cielo e della terra.

Prega per noi santa Madre di Dio.
Affinché siamo fatti degni delle promesse di Cristo.

Preghiamo

O Dio, il tuo unico Figlio ci ha acquistato con la sua vita, morte e risurrezione i beni della salvezza eterna: concedi a noi che, venerando questi misteri del santo Rosario della Vergine Maria, imitiamo ciò che contengono e otteniamo ciò che promettono. Per Cristo nostro Signore. *Amen*

Salve Regina

traccia 10

Salve, Regina, madre di misericordia, vita, dolcezza e speranza nostra, salve. A te ricorriamo, esuli figli di Eva; a te sospiriamo, gementi e piangenti in questa valle di lacrime. Orsù dunque, avvocata nostra, rivolgi a noi gli occhi tuoi misericordiosi. E mostraci, dopo questo esilio, Gesù, il frutto benedetto del tuo seno. O clemente, o pia, o dolce Vergine Maria!

Credo

traccia 11

Credo in un solo Dio, Padre onnipotente, creatore del cielo e della terra, di tutte le cose visibili e invisibili.
Credo in un solo Signore, Gesù Cristo, unigenito Figlio di Dio, nato dal Padre prima di tutti i secoli.
Dio da Dio, Luce da Luce, Dio vero da Dio vero; generato, non creato, della stessa sostanza del Padre; per mezzo di lui tutte le cose sono state create.
Per noi uomini e per la nostra salvezza discese dal cielo; e per opera dello Spirito Santo si è incarnato nel seno della Vergine Maria e si è fatto uomo.
Fu crocifisso per noi sotto Ponzio Pilato, morì e fu sepolto.
Il terzo giorno è risuscitato, secondo le Scritture; è salito al cielo, siede alla destra del Padre. E di nuovo verrà, nella gloria, per giudicare i vivi e i morti, e il suo regno non avrà fine. Credo nello Spirito Santo, che è Signore e dà la vita, e procede dal Padre e dal Figlio e con il Padre e il Figlio è adorato e glorificato e ha parlato per mezzo dei profeti. Credo la Chiesa, una, santa, cattolica e apostolica. Professo un solo battesimo per il perdono dei peccati. Aspetto la risurrezione dei morti e la vita del mondo che verrà. *Amen.*

Magnificat

traccia 12

L'anima mia magnifica il Signore e il mio spirito esulta in Dio, mio salvatore, perché ha guardato l'umiltà della sua serva. D'ora in poi tutte le generazioni mi chiameranno beata. Grandi cose ha fatto in me l'Onnipotente e santo è il suo nome: di generazione in generazione la sua misericordia si stende su quelli che lo temono. Ha spiegato la potenza del suo braccio, ha disperso i superbi nei pensieri del loro cuore; ha rovesciato i potenti dai troni, ha innalzato gli umili; ha ricolmato di beni gli affamati, ha rimandato i ricchi a mani vuote. Ha soccorso Israele, suo servo, ricordandosi della sua misericordia, come aveva promesso ai nostri padri, ad Abramo e alla sua discendenza, per sempre. Gloria al Padre e al Figlio e allo Spirito Santo. Come era nel principio, e ora e sempre nei secoli dei secoli. *Amen.*

Il cantico di Zaccaria *traccia 13*

Benedetto il Signore Dio d'Israele,
perché ha visitato e redento il suo popolo,
e ha suscitato per noi una salvezza potente
nella casa di Davide, suo servo,
come aveva promesso
per bocca dei suoi santi profeti d'un tempo:
salvezza dai nostri nemici,
e dalle mani di quanti ci odiano.
Così egli ha concesso misericordia ai nostri padri
e si è ricordato della sua santa alleanza,
del giuramento fatto ad Abramo, nostro padre,
di concederci, liberati dalle mani dei nemici,
di servirlo senza timore, in santità e giustizia
al suo cospetto, per tutti i nostri giorni.
E tu, bambino [Giovanni Battista], sarai chiamato
profeta dell'Altissimo
perché andrai innanzi al Signore a preparargli le strade,
per dare al suo popolo la conoscenza della salvezza
nella remissione dei suoi peccati,
grazie alla bontà misericordiosa del nostro Dio,
per cui verrà a visitarci dall'alto un sole che sorge
per rischiarare quelli che stanno nelle tenebre e nell'ombra
della morte e dirigere i nostri passi sulla via della pace.

Te Deum *traccia 14*

Noi ti lodiamo, Dio, ti proclamiamo
Signore.
O eterno Padre, tutta la terra ti adora.
A te cantano gli angeli e tutte le
potenze dei cieli:
santo, santo, santo il Signore Dio dell'universo.
I cieli e la terra sono pieni della tua gloria.
Ti acclama il coro degli apostoli e la candida schiera
dei martiri;
le voci dei profeti si uniscono nella tua lode;
la santa Chiesa proclama la tua gloria,
adora il tuo unico Figlio, e lo Spirito Santo Paraclito.
O Cristo, re della gloria, eterno Figlio del Padre,
tu nascesti dalla Vergine Madre per la salvezza dell'uomo.
Vincitore della morte, hai aperto ai credenti il regno dei cieli.
Tu siedi alla destra di Dio, nella gloria del Padre.
Verrai a giudicare il mondo alla fine dei tempi.
Soccorri i tuoi figli, Signore, che hai redento col tuo sangue
prezioso.
Accoglici nella tua gloria nell'assemblea dei santi.
Salva il tuo popolo, Signore, guida e proteggi i tuoi figli.
Ogni giorno ti benediciamo, lodiamo il tuo nome per
sempre.
Degnati oggi, Signore, di custodirci senza peccato.
Sia sempre con noi la tua misericordia: in te abbiamo
sperato.
Pietà di noi, Signore, pietà di noi.
Tu sei la nostra speranza, non saremo confusi in eterno.

La Via della Croce

Prima stazione: traccia 15
Gesù è condannato a morte

Ti adoriamo, o Cristo, e ti benediciamo.
Perché con la tua santa croce hai redento il mondo.
Lettura (Mc 15, 9-15)
Allora Pilato rispose loro: "Volete che vi rilasci il re dei
Giudei?" Sapeva infatti che i sommi sacerdoti glielo
avevano consegnato per invidia. Ma i sommi sacerdoti
sobillarono la folla perché egli rilasciasse loro piuttosto
Barabba. Pilato replicò: "Che farò dunque di quello che voi
chiamate il re dei Giudei?" Ed essi di nuovo gridarono:
"Crocifiggilo!" Ma Pilato diceva loro: "Che male ha fatto?"
Allora essi gridarono più forte: "Crocifiggilo!" E Pilato,
volendo dar soddisfazione alla moltitudine, rilasciò loro
Barabba e, dopo aver fatto flagellare Gesù, lo consegnò
perché fosse crocifisso.

Seconda stazione: traccia 16
Gesù è caricato della croce

Ti adoriamo, o Cristo, e ti benediciamo.
Perché con la tua santa croce hai redento il mondo.
Lettura (Mt 27, 28-31)
Spogliatolo, gli misero addosso un manto scarlatto e,
intrecciata una corona di spine, gliela posero in capo,
con una canna nella destra; poi mentre gli si
inginocchiavano davanti, lo schernivano: "Salve, re dei
Giudei!" E sputandogli addosso, gli tolsero di mano la
canna e lo percuotevano sul capo. Dopo averlo così
schernito, lo spogliarono del mantello, gli fecero indossare
i suoi vestiti, e lo portarono via per crocifiggerlo.

Terza stazione: traccia 17
La prima caduta

Ti adoriamo, o Cristo, e ti benediciamo.
Perché con la tua santa croce hai redento il mondo.
Lettura (Eb 10, 32-33)
Richiamate alla memoria quei primi giorni nei quali, dopo
essere stati illuminati, avete dovuto sopportare una grande
e penosa lotta, ora esposti pubblicamente a insulti e
tribolazioni, ora facendovi solidali con coloro che venivano
trattati in questo modo. Infatti avete preso parte alle
sofferenze dei carcerati e avete accettato con gioia di
essere spogliati delle vostre sostanze, sapendo di
possedere beni migliori e più duraturi. Non abbandonate
dunque la vostra fiducia, alla quale è riservata una grande
ricompensa.

Quarta stazione: traccia 18
L'incontro con la madre

Ti adoriamo, o Cristo, e ti benediciamo.
Perché con la tua santa croce hai redento il mondo.
Lettura (Gv 19, 25-27)
Stavano presso la croce di Gesù sua madre, la sorella di
sua madre, Maria di Cleofa e Maria di Magdala. Gesù allora,
vedendo la madre e lì accanto a lei il discepolo che egli
amava, disse alla madre: "Donna, ecco il tuo figlio!"
Poi disse al discepolo: "Ecco la tua madre!" E da quel
momento il discepolo la prese nella sua casa.

Quinta stazione: traccia 19
Gesù è aiutato dal Cireneo

Ti adoriamo, o Cristo, e ti benediciamo.
Perché con la tua santa croce hai redento il mondo.
Lettura (Mt 27, 32)
Mentre uscivano, incontrarono un uomo di Cirene, chiamato
Simone, e lo costrinsero a prender su la croce di lui.

Sesta stazione: traccia 20
La Veronica asciuga il volto di Gesù

Ti adoriamo, o Cristo, e ti benediciamo.
Perché con la tua santa croce hai redento il mondo.
Lettura (Mt 5, 14-16)
Voi siete la luce del mondo; non può restare nascosta una
città collocata sopra un monte, né si accende una lucerna
per metterla sotto il moggio, ma sopra il lucerniere perché
faccia luce a tutti quelli che sono nella casa. Così risplenda
la vostra luce davanti agli uomini, perché vedano le vostre
opere buone e rendano gloria al vostro Padre che è nei cieli.

Settima stazione: traccia 21
La seconda caduta

Ti adoriamo, o Cristo, e ti benediciamo.
Perché con la tua santa croce hai redento il mondo.
Lettura (Rm 8, 16-18)
Lo Spirito stesso attesta al nostro spirito che siamo figli
di Dio. E se siamo figli, siamo anche eredi: eredi di Dio,
coeredi di Cristo, se veramente partecipiamo alle sue
sofferenze per partecipare anche alla sua gloria. Io ritengo,
infatti, che le sofferenze del momento presente non sono
paragonabili alla gloria futura che dovrà esser rivelata in noi.

Ottava stazione:
Le donne in pianto

traccia 22

Ti adoriamo, o Cristo, e ti benediciamo.
Perché con la tua santa croce hai redento il mondo.
Lettura (Lc 23, 27-28)
Lo seguiva una gran folla di popolo e di donne che si battevano il petto e facevano lamenti su di lui. Ma Gesù, voltandosi verso le donne disse: "Figlie di Gerusalemme, non piangete su di me, ma piangete su voi stesse e sui vostri figli".

Nona stazione:
La terza caduta

traccia 23

Ti adoriamo, o Cristo, e ti benediciamo.
Perché con la tua santa croce hai redento il mondo.
Lettura (1Pt 4, 12-14)
Carissimi, non siate sorpresi per l'incendio di persecuzione che si è acceso in mezzo a voi per provarvi, come se vi accadesse qualcosa di strano. Ma nella misura in cui partecipate alle sofferenze di Cristo, rallegratevi, perché anche nella rivelazione della sua gloria possiate rallegrarvi ed esultare. Beati voi, se venite insultati per il nome di Cristo, perché lo Spirito della gloria e lo Spirito di Dio riposa su di voi.

Decima stazione:
La spogliazione

traccia 24

Ti adoriamo, o Cristo, e ti benediciamo.
Perché con la tua santa croce hai redento il mondo.
Lettura (Gv 19, 23-24)
I soldati, poi, quando ebbero crocifisso Gesù, presero le sue vesti e ne fecero quattro parti, una per ciascun soldato, e la tunica. Ora quella tunica era senza cucitura, tessuta tutta d'un pezzo da cima a fondo. Perciò dissero tra loro: non stracciamola ma tiriamo a sorte a chi tocca. Così si adempiva la Scrittura: Si son divise tra loro le mie vesti e sulla mia tunica han gettato la sorte.

Undicesima stazione:
La crocifissione

traccia 25

Ti adoriamo, o Cristo, e ti benediciamo.
Perché con la tua santa croce hai redento il mondo.
Lettura (Lc 23, 33-38)
Quando giunsero al luogo detto Cranio, là crocifissero lui e i due malfattori, uno a destra e l'altro a sinistra. Gesù diceva: "Padre, perdonali, perché non sanno quello cha fanno".
Il popolo stava a vedere, i capi invece lo schernivano dicendo: "Ha salvato gli altri, salvi se stesso, se è il Cristo di Dio, il suo eletto". Anche i soldati lo schernivano, e gli si accostavano per porgergli dell'aceto, e dicevano: "Se tu sei il re dei Giudei, salva te stesso": C'era anche una scritta, sopra il suo capo: questi è il re dei Giudei.

Dodicesima stazione:
La morte

traccia 26

Ti adoriamo, o Cristo, e ti benediciamo.
Perché con la tua santa croce hai redento il mondo.
Lettura (Mt 27, 45-50)
Da mezzogiorno fino alle tre del pomeriggio si fece buio su tutta la terra. Verso le tre, Gesù gridò a gran voce: "Elì, Elì, lemà sabactàni?", che significa: "Dio mio, Dio mio, perché mi hai abbandonato?" Udendo questo, alcuni dei presenti dicevano: "Costui chiama Elia". E subito uno di loro corse a prendere una spugna e, imbevutala di aceto, la fissò su una canna e così gli dava da bere. Gli altri dicevano: "Lascia, vediamo se viene Elia a salvarlo!" E Gesù, emesso un alto grido, spirò.

Tredicesima stazione:
La deposizione

traccia 27

Ti adoriamo, o Cristo, e ti benediciamo.
Perché con la tua santa croce hai redento il mondo.
Lettura (Lc 23, 50-53)
C'era un uomo di nome Giuseppe, membro del sinedrio, persona buona e giusta. Non aveva aderito alla decisione e all'operato degli altri. Egli era di Arimatea, una città dei Giudei, e aspettava il regno di Dio. Si presentò a Pilato e chiese il corpo di Gesù. Lo calò dalla croce, lo avvolse in un lenzuolo e lo depose in una tomba scavata nella roccia, nella quale nessuno era stato ancora deposto.

Quattordicesima stazione:
Il sepolcro

traccia 28

Ti adoriamo, o Cristo, e ti benediciamo.
Perché con la tua santa croce hai redento il mondo.
Lettura (Gv 19, 39-42)
Vi andò anche Nicodemo, quello che in precedenza era andato da lui di notte, e portò una mistura di mirra e di aloe di circa cento libbre. Essi presero allora il corpo di Gesù e lo avvolsero in bende insieme con oli aromatici, com'è usanza seppellire per i Giudei. Ora, nel luogo dove era stato crocifisso, vi era un giardino e nel giardino un sepolcro nuovo, nel quale nessuno era stato ancora deposto. Là dunque deposero Gesù, a motivo della Parasceve dei Giudei, poiché quel sepolcro era vicino.

Il Cantico delle creature[1] traccia 32

Altissimo, onnipotente bon Signore,
  Tue so' le laude, la gloria e l'honore et onne
    benedictione.
  A Te solo, Altissimo, se confano,
  et nullo homo è digno te mentovare.

Laudato sie, mi' Signore,
cun tutte le Tue creature,
spezialmente messer lo frate Sole,
lo qual è iorno, e allumini noi per lui.
Ed ello è bello e radiante cun grande splendore:
de Te, Altissimo, porta significazione.

Laudato si', mi Signore,
per sora Luna e le stelle:
in cielo l'hai formate clarite e preziose e belle.

Laudato si', mi' Signore, per frate Vento
e per aere e nubilo e sereno e onne tempo,
per lo quale, a le Tue creature dài sustentamento.
Laudato si', mi Signore, per sor Acqua,
la quale è molto utile e umile e pretiosa e casta.

Laudato si', mi Signore, per frate Foco,
per lo quale ennallumini la nocte:
ed ello è bello e iocundo e robustoso e forte.
Laudato si', mi Signore,
per sora nostra matre Terra,
la quale ne sostenta e governa,
e produce diversi fructi con coloriti fiori e erba.

Laudato si', mi Signore,
per quelli che perdonano per lo Tuo amore
e sostengono infirmitate et tribulazione.
Beati quelli che 'l sosterranno in pace,
ca da Te, Altissimo, sirano incoronati.

Laudato si', mi Signore, per sora nostra Morte corporale,
da la quale nullo omo vivente pò scampare.
Guai a quelli che morrano ne le peccata mortali!
Beati quelli che troverà ne le Tue sanctissime voluntati,
ca la morte seconda no li farrà male.

Laudate e benedicete mi Signore
e rengratiate e serviteli cun grande umiltate.

(1) Scritto da San Francesco d'Assisi nel 1224 in volgare umbro.

Quindicesima stazione: traccia 29
La risurrezione

Ti adoriamo, o Cristo, e ti benediciamo.
Perché con la tua santa croce hai redento il mondo.
Lettura (Mc 16, 5-7)
Entrando nel sepolcro, videro un giovane, seduto sulla destra, vestito d'una veste bianca, ed ebbero paura. Ma egli disse loro: "Non abbiate paura! Voi cercate Gesù Nazzareno, il crocifisso. È risorto, non è qui. Ecco il luogo dove l'avevano deposto. Ora andate, dite ai suoi discepoli e a Pietro che egli vi precede in Galilea. Là lo vedrete, come vi ha detto".

Preghiera di conclusione traccia 30

Signore Gesù, imprimi nella nostra mente il ricordo della tua Passione, così da compiere volentieri qualche sacrificio per te e sentirci collaboratori della tua opera salvifica, per essere un giorno partecipi della tua gloria di Risorto. *Amen.*

Ricordati, o Vergine Maria traccia 31

Ricordati, o piissima Vergine Maria, non essersi mai udito al mondo che alcuno abbia ricorso al tuo patrocinio, implorato il tuo aiuto, chiesto la tua protezione e sia stato abbandonato. Animato da tale confidenza, a te ricorro, o Madre, Vergine delle Vergini, a te vengo e, peccatore contrito, innanzi a te mi prostro. Non volere, o Madre del Verbo, disprezzare le mie preghiere, ma ascoltami propizia ed esaudiscimi. *Amen.*

Giotto
Affresco
Assisi, Basilica Superiore di San Francesco
La predica agli uccelli

Giotto
Affresco
Padova, Cappella degli Scrovegni
Storie di Cristo. La Natività e l'annuncio ai pastori

Salmo 148 - Il creato lodi il Signore

traccia 33

Lodate il Signore dai cieli,
lodatelo nell'alto dei cieli.
Lodatelo, voi tutti, suoi angeli,
lodatelo, voi tutte, sue schiere.
Lodatelo, sole e luna,
lodatelo, voi tutte, fulgide stelle.
Lodatelo, cieli dei cieli,
voi acque al di sopra dei cieli.
Lodino tutti il nome del Signore,
perché egli disse e furono creati.
Li ha stabiliti per sempre,
ha posto una legge che non passa.
Lodate il Signore dalla terra,
mostri marini e voi tutti abissi,
fuoco e grandine, neve e nebbia,
vento di bufera che obbedisce alla sua parola,
monti e voi tutte, colline,
alberi da frutto e tutti voi, cedri,
voi fiere e tutte le bestie,
rettili e uccelli alati.
I re della terra e i popoli tutti,
i governanti e i giudici della terra,
i giovani e le fanciulle,
i vecchi insieme ai bambini
lodino il nome del Signore:
perché solo il suo nome è sublime,
la sua gloria risplende sulla terra e nei cieli.
Egli ha sollevato la potenza del suo popolo.
È canto di lode per tutti i suoi fedeli,
per i figli di Israele, popolo che egli ama.
Alleluia.

Ordinario della Messa

Canto d'ingresso

traccia 34

Nel nome del Padre, del Figlio
e dello Spirito Santo.
Amen.
La grazia del Signore nostro Gesù Cristo,
l'amore di Dio Padre e la comunione dello Spirito Santo
sia con tutti voi.
E con il tuo spirito.
Fratelli, per celebrare degnamente i santi misteri,
riconosciamo i nostri peccati.
*Confesso a Dio onnipotente e a voi, fratelli, che ho molto
peccato in pensieri, parole, opere e omissioni, per mia
colpa, mia colpa, mia grandissima colpa. E supplico la
beata sempre vergine Maria, gli angeli, i santi e voi, fratelli,
di pregare per me il Signore Dio nostro.*
Dio onnipotente abbia misericordia di noi, perdoni i nostri
peccati e ci conduca alla vita eterna.
Amen.

Kyrie

traccia 35

Signore, pietà.
Signore, pietà.
Cristo, pietà.
Cristo, pietà.
Signore, pietà.
Signore, pietà.

Gloria

traccia 36

*Gloria a Dio nell'alto dei cieli e pace in terra agli uomini di
buona volontà.
Noi ti lodiamo, ti benediciamo, ti adoriamo, ti glorifichiamo,
ti rendiamo grazie per la tua gloria immensa, Signore Dio,
Re del cielo, Dio Padre onnipotente. Signore, Figlio
unigenito, Gesù Cristo, Signore Dio, Agnello di Dio, Figlio
del Padre; tu che togli i peccati del mondo, abbi pietà di
noi; tu che togli i peccati del mondo, accogli la nostra
supplica; tu che siedi alla destra del Padre, abbi pietà di noi.
Perché tu solo il Santo, tu solo il Signore, tu solo
l'Altissimo Gesù Cristo, con lo Spirito Santo
nella gloria di Dio Padre.
Amen.*

Orazione
traccia 37

Liturgia della parola
Prima Lettura
Salmo Responsoriale
Seconda Lettura
Alleluia

Vangelo
traccia 38

Il Signore sia con voi.
E con il tuo spirito.
Dal Vangelo secondo...
Gloria a te, o Signore.

Parola del Signore.
Lode a te, o Cristo.

Omelia
traccia 39

Credo (vedi p. 5)
Preghiera dei fedeli

Liturgia Eucaristica
traccia 40

Benedetto sei tu, Signore, Dio
dell'universo: dalla tua bontà abbiamo
ricevuto questo pane, frutto della terra e
del lavoro dell'uomo; lo presentiamo a te,
perché diventi per noi cibo di vita eterna.
Benedetto nei secoli il Signore.
Benedetto sei tu, Signore, Dio dell'universo: dalla tua
bontà abbiamo ricevuto questo vino, frutto della terra,
e del lavoro dell'uomo; lo presentiamo a te, perché
diventi per noi bevanda di salvezza.
Benedetto nei secoli il Signore.
Pregate, fratelli, perché il mio e vostro sacrificio sia gradito
a Dio, Padre onnipotente.
*Il Signore riceva dalle tue mani questo sacrificio a lode e
gloria del suo nome, per il bene nostro e di tutta la sua
santa Chiesa.*

Orazione
traccia 41

Amen.
Il Signore sia con voi.
E con il tuo spirito.
In alto i nostri cuori.
Sono rivolti al Signore.
Rendiamo grazie al Signore, nostro Dio.
È cosa buona e giusta.
È veramente cosa buona e giusta, nostro dovere e fonte di
salvezza, rendere grazie sempre e in ogni luogo a te, Padre
santo, per Gesù Cristo, tuo dilettissimo Figlio. Egli è la tua
Parola vivente, per mezzo di lui hai creato tutte le cose, e
lo hai mandato a noi salvatore e redentore, fatto uomo per
opera dello Spirito Santo e nato dalla Vergine Maria.
Per compiere la tua volontà e acquistarti un popolo santo,
egli stese le braccia sulla croce, morendo distrusse la morte
e proclamò la risurrezione. Per questo mistero di salvezza,
uniti agli angeli e ai santi, cantiamo a una sola voce la
tua gloria:
*santo, santo, santo il Signore Dio dell'universo. I cieli e la
terra sono pieni della tua gloria. Osanna nell'alto dei cieli.
Benedetto colui che viene nel nome del Signore. Osanna
nell'alto dei cieli.*

traccia 42

Preghiera Eucaristica (I)

Padre veramente santo, fonte di ogni santità,
santifica questi doni con l'effusione del tuo
Spirito perché diventino per noi il corpo e il
sangue di Gesù Cristo nostro Signore. Egli,
offrendosi liberamente alla sua passione, prese il
pane e rese grazie, lo spezzò, lo diede ai suoi
discepoli, e disse:
**Prendete, e mangiatene tutti: questo è il mio corpo
offerto in sacrificio per voi.**
Dopo la cena, allo stesso modo, prese il calice e rese
grazie, lo diede ai suoi discepoli, e disse:
**Prendete, e bevetene tutti: questo è il calice del mio
sangue per la nuova ed eterna alleanza, versato per voi e
per tutti in remissione dei peccati. Fate questo in memoria
di me.**

Mistero della fede

traccia 43

Annunciamo la tua morte, Signore, proclamiamo la tua risurrezione, nell'attesa della tua venuta.

Celebrando il memoriale della morte e risurrezione del tuo Figlio, ti offriamo, Padre, il pane della vita e il calice della salvezza, e ti rendiamo grazie per averci ammessi alla tua presenza a compiere il servizio sacerdotale. Ti preghiamo umilmente: per la comunione al corpo e al sangue di Cristo lo Spirito Santo ci riunisca in un solo corpo.

Ricordati, Padre, della tua Chiesa diffusa su tutta la terra: rendila perfetta nell'amore in unione con il nostro Papa ..., il nostro Vescovo ..., e tutto l'ordine sacerdotale. Ricordati dei nostri fratelli, che si sono addormentati nella speranza della risurrezione e di tutti i defunti che si affidano alla tua clemenza: ammettili a godere la luce del tuo volto. Di noi tutti abbi misericordia: donaci di aver parte alla vita eterna, insieme con la beata Maria, Vergine e Madre di Dio, con gli apostoli e tutti i santi, che in ogni tempo ti furono graditi: e in Gesù Cristo tuo Figlio canteremo la tua gloria.

Per Cristo, con Cristo e in Cristo, a te, Dio, Padre onnipotente, nell'unità dello Spirito Santo, ogni onore e gloria, per tutti i secoli dei secoli.
Amen.

traccia 44

Preghiera Eucaristica (II)

Padre veramente santo, a te la lode da ogni creatura. Per mezzo di Gesù Cristo, tuo Figlio e nostro Signore, nella potenza dello Spirito Santo fai vivere e santifichi l'universo, e continui a radunare intorno a te un popolo, che da un confine all'altro della terra offra al tuo nome il sacrificio perfetto. Ora ti preghiamo umilmente: manda il tuo Spirito a santificare i doni che ti offriamo, perché diventino il corpo e il sangue di Gesù Cristo, tuo Figlio e nostro Signore, che ci ha comandato di celebrare questi misteri.

Nella notte in cui fu tradito, egli prese il pane, ti rese grazie con la preghiera di benedizione, lo spezzò, lo diede ai suoi discepoli, e disse:
Prendete, e mangiatene tutti: questo è il mio corpo offerto in sacrificio per voi.
Dopo cena, allo stesso modo, prese il calice, ti rese grazie con la preghiera di benedizione, lo diede ai suoi discepoli, e disse:

Prendete, e bevetene tutti: questo è il calice del mio sangue per la nuova ed eterna alleanza, versato per voi e per tutti in remissione dei peccati. Fate questo in memoria di me.

Mistero della fede

traccia 45

Annunziamo la tua morte, Signore, proclamiamo la tua risurrezione, nell'attesa della tua venuta.

Celebrando il memoriale del tuo Figlio, morto per la nostra salvezza, gloriosamente risorto e asceso al cielo, nell'attesa della sua venuta ti offriamo, Padre, in rendimento di grazie questo sacrificio vivo e santo. Guarda con amore e riconosci nell'offerta della tua Chiesa, la vittima immolata per la nostra redenzione; e a noi che ci nutriamo del corpo e sangue del tuo Figlio, dona la pienezza dello Spirito Santo perché diventiamo, in Cristo, un solo corpo e un solo spirito. Egli faccia di noi un sacrificio perenne a te gradito, perché possiamo ottenere il regno promesso insieme con i tuoi eletti con la beata Maria, Vergine e Madre di Dio, con i tuoi santi apostoli, i gloriosi martiri, San ... (santo del giorno o patrono) e tutti i santi, nostri intercessori presso di te. Per questo sacrificio di riconciliazione, dona, Padre, pace e salvezza al mondo intero. Conferma nella fede e nell'amore la tua Chiesa pellegrina sulla terra: il tuo servo e nostro Papa ..., il nostro Vescovo ..., il collegio episcopale, tutto il clero e il popolo che tu hai redento. Ascolta la preghiera di questa famiglia, che hai convocato alla tua presenza. Ricongiungi a te, Padre misericordioso, tutti i tuoi figli ovunque dispersi. Accogli nel tuo regno i nostri fratelli defunti e tutti i giusti che, in pace con te, hanno lasciato questo mondo; concedi anche a noi di ritrovarci insieme a godere per sempre della tua gloria, in Cristo, nostro Signore, per mezzo del quale tu, o Dio, doni al mondo ogni bene.

Per Cristo, con Cristo e in Cristo, a te, Dio Padre onnipotente, nell'unità dello Spirito Santo, ogni onore e gloria per tutti i secoli dei secoli.
Amen.

Riti di Comunione
traccia 46

Obbedienti alla parola del Salvatore e formati al suo divino insegnamento, osiamo dire:

Padre nostro... (vedi p.6)

Liberaci, o Signore, da tutti i mali, concedi la pace ai nostri giorni; e con l'aiuto della tua misericordia, vivremo sempre liberi dal peccato e sicuri da ogni turbamento, nell'attesa che si compia la beata speranza, e venga il nostro Salvatore Gesù Cristo.

Tuo è il regno, tua la potenza e la gloria nei secoli.

Signore Gesù Cristo, che hai detto ai tuoi apostoli: "Vi lascio la pace, vi do la mia pace", non guardare ai nostri peccati, ma alla fede della tua Chiesa, e donale unità e pace secondo la tua volontà. Tu che vivi e regni nei secoli dei secoli.

Amen.

La pace del Signore sia sempre con voi.
E con il tuo spirito.

Agnus Dei
traccia 47

Agnello di Dio, che togli i peccati del mondo, abbi pietà di noi (bis).

Agnello di Dio, che togli i peccati del mondo, dona a noi la pace.

Beati gli invitati alla Cena del Signore.
Ecco l'Agnello di Dio, che toglie i peccati del mondo.
O Signore, non sono degno di partecipare alla tua mensa: ma di' soltanto una parola e io sarò salvato.
Il Corpo di Cristo.
Amen.

Orazione

Riti di conclusione
traccia 48

Il Signore sia con voi.
E con il tuo spirito.
Vi benedica Dio onnipotente, Padre e Figlio e Spirito Santo.
Amen.
La messa é finita: andate in pace.
Rendiamo grazie a Dio!

Giotto
Tempera su tavola, 314 x 162 cm
Parigi, Musée du Louvre
Stigmate di San Francesco

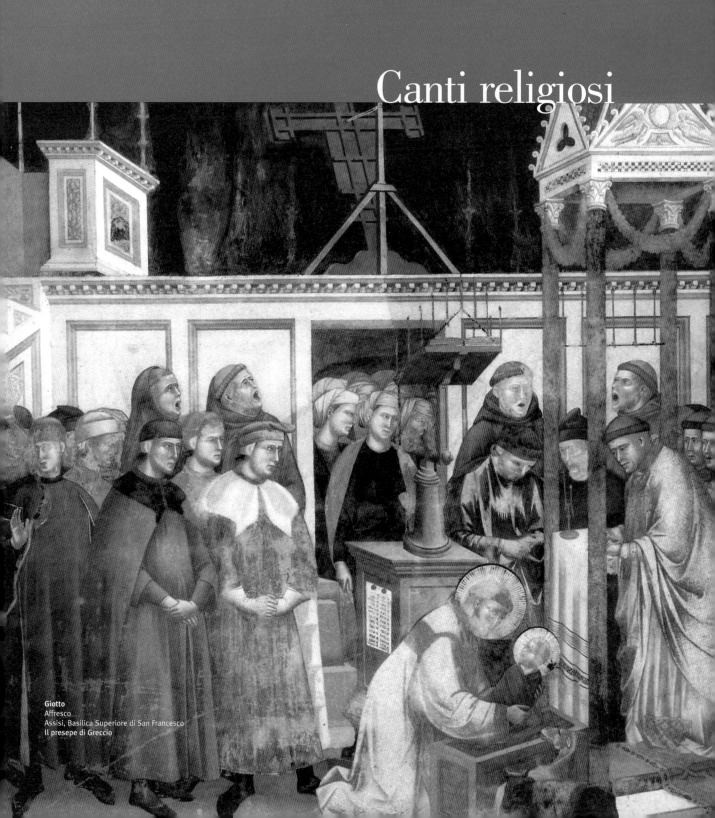

Canti religiosi

Giotto
Affresco
Assisi, Basilica Superiore di San Francesco
Il presepe di Greccio

A te nostro Padre

*A te nostro Padre, nostro Signor, pane
e vino oggi noi offriam sull'altar.*
Grano diverrai vivo pane del cielo; cibo
per nutrire l'alma fedel. *RIT.*
Vino diverrai vivo sangue di Cristo, fonte che
disseta l'arsura del cuor. *RIT.*
Salga fino a te ed a te sia gradita, l'ostia che t'offriamo
in tutta umiltà. *RIT.*

Cammina con Lui

*Cammina con Lui fratello che vai.
Cammina con Lui se forza più non hai.
La strada è più dolce, fratello che vai.
Cammina con Lui, la vita troverai.*
Ma dove, ma dove andrò, se luce per la strada io non ho?
Ma tu guarda lontano quel cenno di una mano è la voce che
ti dice: "Amico vai!" *RIT.*
Ma dove, ma dove andrò, se pane per la strada io non ho?
Ricorda che alla folla un giorno Cristo disse: "Il pane della
vita sono io!" *RIT.*
Ma dove, ma dove andrò, se acqua per la strada io non ho?
Ricorda che a una donna un giorno Cristo disse: "Se bevi la
mia acqua tu vivrai!" *RIT.*

Cantate al Signore

Alleluia, alleluia! Alleluia, alleluia!
Cantate al Signore un cantico nuovo,
tutta la terra canti al Signore.
Per tutta la terra si è accesa una luce,
uomini nuovi cantano in cor.
Un cantico nuovo di gioia infinita,
un canto d'amore a Dio fra noi.
Al -le -lu -ia!
Un coro di voci s'innalza al Signore,
re della vita, luce del mondo.
Discende dal cielo un fuoco d'amore,
il Paradiso canta con noi.
Un cantico nuovo di gioia infinita,
un canto d'amore a Dio fra noi.
Alleluia!

Canterò a te

*Finché ho vita canterò a te Signore; la tua
Parola annunzierò.
E la mia forza sarà il tuo amor, con te
nessuno temerò.*
Voglio vivere solo per te, e fare ciò che vuoi tu.
E per sempre rimanere in te ed amarti e farti amare
sempre più. *RIT.*
La tua luce, la tua verità nel cammino mi guideranno.
E in giustizia e in santità, al tuo monte santo mi
condurranno. *RIT.*

Comandamento nuovo

*Vi do un comandamento nuovo: amatevi gli uni gli altri,
come io ho amato voi, come il padre ama me.*
Da questo vi riconosceranno che siete miei amici;
Da questo vi riconosceranno che siete miei amici;
così il mondo crederà che il padre mi ha mandato. *RIT.*
Chi osserva i miei comandamenti, dal Padre mio è amato;
a lui io mi rivelerò, conoscerà il mio amore. *RIT.*
E quando vi riunite nel mio nome, sarò in mezzo a voi.
Allora il Padre vi darà ciò che domanderete. *RIT.*

Dolce sentire
(Fratello Sole e Sorella Luna)

Dolce sentire come nel mio cuore, ora umilmente sta
nascendo amore.
Dolce è capire che non son più solo ma che son parte di
una immensa vita, che generosa risplende intorno a me.
Dono di Lui del suo immenso amor.
Ci ha dato il cielo e le chiare stelle, Fratello Sole
e Sorella Luna;
la madre terra con frutti, prati e fiori, il fuoco, il vento,
l'aria e l'acqua pura; fonte di vita per le sue creature.
Dono di Lui, del suo immenso amor. (2v.)
Sia laudato nostro Signore che ha creato l'universo intero.
Sia laudato nostro Signore, noi tutti siamo sue creature.
Dono di Lui, del suo immenso amor.
Beato chi lo serve in umiltà.

Dov'è carità e amore, qui c'è Dio

Dov'è carità e amore, qui c'è Dio.

Ci ha riuniti tutti insieme Cristo amore:
godiamo esultanti nel Signore.
Temiamo ed amiamo il Dio vivente, ed amiamoci tra noi,
con cuore sincero. *RIT.*
Noi formiamo qui riuniti un solo corpo.
Evitiamo di dividerci tra noi. Via le lotte maligne, via le liti.
E regni in mezzo a noi, Cristo, Dio. *RIT.*
Chi non ama resta sempre nella notte; e dall'ombra della
morte non risorge. Ma se noi camminiamo nell'amore:
noi saremo veri figli della luce. *RIT.*
Nell'amore di colui che ci ha salvati, rinnovati dallo spirito
del Padre. Tutti uniti sentiamoci fratelli.
E la gioia diffondiamo sulla terra. *RIT.*
Imploriamo con fiducia il Padre santo; perché doni ai nostri
giorni la sua pace. Ogni popolo dimentichi i rancori, ed il
mondo si rinnovi nell'amore. *RIT.*
Fa che un giorno contempliamo il tuo volto, nella gloria dei
beati, Cristo Dio. E sarà gioia grande, gioia vera: durerà per
tutti i secoli, senza fine. *RIT.*

Dove tu vorrai

Io camminerò – Alleluia, per le strade andrò - Alleluia
dove tu vorrai ti seguirò.
E ti canterò – Alleluia, dono mi farò - Alleluia
dove tu vorrai ti seguirò.

Un amico sei per me, solo amore io mi sento,
giovinezza, eternità e sorgente di speranza. *RIT.*
Come creta in mano a te, io mi sento mio Signore.
Fa di me quello che vuoi, fa che sia un capolavoro. *RIT.*
Lungo il lago passerai, il tuo sguardo come un fuoco
piano, piano accenderà tutta quanta la mia vita. *RIT.*
Le mie reti lascerò e ti prenderò per mano,
proverò la libertà e la gioia che mi nasce dentro. *RIT.*

È giunta l'ora

È giunta l'ora Padre per me
ai miei amici ho detto che
questa è la vita conoscere te
e il Figlio tuo, Cristo Gesù.
Erano tuoi, li hai dati a me
ed ora sanno che torno a te
hanno creduto conservali tu
nel tuo amore, nell'unità.
Tu mi hai mandato ai figli tuoi
la tua Parola è verità
e il loro cuore sia pieno di gioia
la gioia vera viene da te.
Io sono in loro e tu in me
che sian perfetti nell'unità
e il mondo creda che tu mi hai mandato
li ha amati come ami me.

Il Cantico dei Redenti
(Il **Signore** è la mia salvezza)

Il Signore è la mia salvezza, e con lui non temo più,
perché ho nel cuore la certezza, la salvezza è qui con me.
Ti lodo Signore perché, un giorno eri lontano da me,
ora invece sei tornato e mi hai preso con te. *RIT.*
Berrete con gioia alle fonti, alle fonti della salvezza,
e quel giorno voi direte:
"Lodate il Signore, invocate il suo nome". *RIT.*
Fate conoscere ai popoli tutto quello che lui ha compiuto,
e ricordino per sempre,
ricordino sempre che il suo nome è grande. *RIT.*
Cantate a chi ha fatto grandezze, e sia fatto sapere nel
mondo: "Grida forte la tua gioia, abitante di Sion perché
grande con te è il Signore". *RIT.*

Il Signore è il mio Pastore

Il Signore è il mio Pastore, nulla manca
ad ogni attesa.
In verdissimi prati mi pasce, mi disseta
a placide acque.
È il ristoro dell'anima mia. In sentieri
diritti mi guida, per amore del santo suo Nome. Dietro lui
mi sento sicuro.
Pur se andassi per valle oscura, non avrò a temere alcun male.
Perché sempre mi sei vicino, mi sostieni col tuo vincastro.
Quale mensa per me tu prepari, sotto gli occhi dei miei nemici.
E di olio cospargi il capo, il mio calice è colmo di ebbrezza.
Bontà e grazia mi sono compagne,
quanto dura il mio cammino.
Io starò nella casa di Dio lungo tutto il migrare dei giorni.

Il tuo popolo in cammino

*Il tuo popolo in cammino, cerca in te la guida. Sulla strada
verso il Regno, sei sostegno col tuo Corpo. Resta sempre
con noi o Signore.*
È il tuo pane, Gesù, che ci dà forza, e rende più sicuro il
nostro passo.
Se il vigore, nel cammino si svilisce,
la tua mano dona lieta la speranza. *RIT.*
È il tuo vino Gesù, che ci disseta, e sveglia in noi l'ardore
di seguirti.
Se la gioia cede il passo alla stanchezza,
la tua voce fa rinascere freschezza. *RIT.*
È il tuo corpo Gesù, che ci fa Chiesa, fratelli sulle strade
della vita.
Se il rancore toglie luce all'amicizia,
dal tuo cuore nasce giovane il perdono. *RIT.*
È il tuo sangue Gesù, il segno eterno, dell'unico linguaggio
dell'amore.
Se il donarsi come te richiede fede,
nel tuo spirito sfidiamo l'incertezza. *RIT.*
È il tuo dono Gesù, la vera fonte, del gesto coraggioso
di chi annuncia.
Se la Chiesa non è aperta ad ogni uomo,
il tuo fuoco le rivela la missione. *RIT.*

Kumbaya My Lord

1. Kumbaya my Lord, kumbaya.
   Kumbaya my Lord, kumbaya.
   Kumbaya my Lord, kumbaya.
   O lord, kumbaya.
2. C'è chi piange Signor, vieni qui
   c'è chi soffre Signor, vieni qui
   c'è chi muore Signor, vieni qui.
   Signor vieni qui.
3. C'è chi spera Signor, vieni qui
   c'è chi canta Signor, vieni qui
   c'è chi ama Signor, vieni qui.
   Signor, vieni qui.
4. Noi crediamo in te, o Signor
   noi speriamo in te, o Signor
   noi amiamo te, o Signor.
   Tu ci ascolti, o Signor.
5. Sei con noi Signor, sei con noi
   nella gioia: tu sei con noi
   nel dolore: tu sei con noi.
   Tu per sempre sei con noi.

L'anima mia magnifica il Signore

*L'anima mia magnifica il Signore, l'anima mia magnifica il
Signore, perché ha fatto grandi cose e santo, santo, è il suo
nome. (2v.)*
Perché ha rivolto lo sguardo all'umiltà della sua serva,
ed ecco che fin d'ora tutte le genti mi chiameranno beata. *RIT.*
Depose i potenti dai troni ed innalzò gli umili,
saziò gli affamati e rimandò i ricchi a mani vuote. *RIT.*
(finale): L'anima mia magnifica il Signore!

La nostra offerta (nella tua messa)

Guarda questa offerta, guarda a noi
Signore tutto noi ti offriamo, per unirci a te.
Nella tua Messa, la nostra Messa
nella tua vita, la nostra vita. (2v)
Che possiamo offrirti, nostro creatore
ecco il nostro niente, prendilo Signor! *RIT.*

Musica di festa

Cantate al Signore un cantico nuovo, splende la sua gloria.
Grande la sua forza, grande la sua pace, grande la sua santità.
In tutta la terra popoli del mondo, gridate la sua fedeltà.
Musica di festa, musica di lode, musica di libertà.
Agli occhi del mondo ha manifestato la sua salvezza.
Per questo si canti, per questo si danzi, per questo si celebri. *RIT.*
Con l'arpa e col corno, con timpani e flauti, con tutta la voce.
Canti di dolcezza, canti di salvezza, canti di immortalità. *RIT.*
I fiumi ed i monti, battono le mani, davanti al Signore.
La sua giustizia giudica la terra, giudica le genti. *RIT.*
Al Dio che ci salva, sia gloria in eterno. Amen. Alleluia.
Gloria a Dio Padre, gloria a Dio Figlio, gloria a Dio Spirito. *RIT.*

Noel

Noel, noel, chiara luce del ciel; nella grotta divina è nato Gesù.
Noel (4v), insieme adoriamo il bimbo Gesù.
Noel, noel, cantan gli angeli in ciel, sia pace in terra: è nato Gesù. *RIT.*
Noel, noel, le campane nel ciel, suonan liete e festose: è nato Gesù. *RIT.*

Noi canteremo gloria a te

1. Noi canteremo gloria a te, Padre che dai la vita
   Dio di immensa carità, Trinità infinita.
2. La tua Parola venne a noi, annuncio del tuo dono,
   la tua promessa porterà salvezza e perdono.
3. Dio si è fatto come noi, è nato da Maria:
   egli nel mondo ormai sarà verità, vita e via.
4. Cristo è apparso in mezzo a noi, Dio ci ha visitato,
   tutta la terra adorerà quel bimbo che ci è nato.
5. Cristo il Padre rivelò, per noi aprì il suo cielo,
   egli un giorno tornerà glorioso nel suo regno.
6. Manda Signore in mezzo a noi, manda il Consolatore
   lo Spirito di santità, spirito dell'amore.
7. Vieni Signore in mezzo ai tuoi, vieni nella tua casa,
   dona la pace e l'unità, raduna la tua Chiesa.

Noi crediamo in te

Noi crediamo in te, o Signor. Noi speriamo in te, o Signor.
Noi amiamo te, o Signor. Tu ci ascolti, o Signor.
Noi cerchiamo te, o Signor. Noi preghiamo te, o Signor.
Noi cantiamo te, o Signor. Tu ci ascolti, o Signor.
Sei con noi, Signor, sei con noi. Nella gioia tu sei con noi.
Nel dolore tu sei con noi, tu per sempre sei con noi.
C'è chi prega, Signor: vieni a noi. C'è chi soffre, Signor:
vieni a noi. C'è chi spera, Signor: vieni a noi. o Signore,
vieni a noi.

Osanna eh

Osanna eh, osanna eh, osanna
a Cristo Signor.
Osanna eh, osanna eh, osanna
a Cristo Signor.

Santo, Santo, osa - a - anna.
Santo, Santo, osanna. *RIT.*
I cieli e la terra, o Signore, sono pieni di te.
I cieli e la terra, o Signore, sono pieni di te. *RIT.*
Benedetto colui che viene, nel nome tuo Signor.
Benedetto colui che viene, nel nome tuo Signor. *RIT.*

Osanna nelle altezze

Santo, Santo, Santo è il Signore.
Santo, Santo, Santo è il Signore Dio dell'universo.
I cieli e la terra sono pieni di te.
I cieli e la terra sono pieni di te della tua gloria.
Osanna, osanna, osanna nelle altezze
Osanna, osanna, osanna nelle altezze.
Benedetto è colui che viene
Benedetto è colui che viene nel nome del Signore
Osanna, osanna, osanna nelle altezze. (2 v.)

Pane del cielo

Pane del cielo, sei tu Gesù. Via d'amore,
tu ci fai come te.

No, non è rimasta fredda la terra;
Tu sei rimasto con noi, per nutrirci di te.
Pane di vita ed infiammare col tuo Amore,
tutta l'umanità. *RIT.*
Sì, il cielo è qui su questa terra.
Tu sei rimasto con noi, ma ci porti con te.
Nella tua casa dove vivremo insieme a te, tutta l'Eternità. *RIT.*
No, la morte non può farci paura.
Tu sei rimasto con noi. E chi vive di te, vive per sempre.
Sei Dio con noi, sei Dio per noi, Dio in mezzo a noi. *RIT.*

Passa questo mondo

Noi annunciamo la parola eterna, Dio è amore.
Questa è la voce che ha varcato i tempi, Dio è carità.
Passa questo mondo, passano i secoli, solo chi ama
non passerà mai.
Dio è luce, in lui non c'è la notte, Dio è amore.
Noi camminiamo lungo il suo sentiero, Dio è carità. *RIT.*
Noi ci amiamo perché lui ci ama, Dio è amore.
Egli per primo diede a noi la vita, Dio è carità. *RIT.*
Giovani forti avete vinto il male, Dio è amore.
In voi dimora la parola eterna, Dio è carità. *RIT.*

Preghiera di san Damiano

Ogni uomo semplice porta in cuore un sogno
con amore ed umiltà potrà costruirlo.
Se con fede tu saprai vivere umilmente
più felice tu sarai anche senza niente.
Se vorrai ogni giorno con il tuo sudore
una pietra dopo l'altra alto arriverai.
Nella vita semplice troverai la strada
che la pace donerà al tuo cuore puro
e le gioie semplici sono le più belle
sono quelle che alla fine sono le più grandi.
Dai e dai ogni giorno con il tuo sudore
una pietra dopo l'altra alto arriverai.

Quando busserò

Quando busserò alla tua porta,
avrò fatto tanta strada;
avrò piedi stanchi e nudi,
avrò mani bianche e pure. (2v.)
O mio Signore.
Quando busserò alla tua porta,
avrò frutti da portare, avrò ceste di dolore,
avrò grappoli d'amore. (2v.)
O mio Signore.
Quando busserò alla tua porta,
avrò amato tanta gente, avrò amici da ritrovare,
e nemici per cui pregare. (2v.)
O mio Signore.

Resta con noi Signore

Resta con noi Signore la sera. Resta con noi e avremo la pace.
Resta con noi, non ci lasciar, la notte mai più scenderà.
Resta con noi, non ci lasciar, per le vie del mondo Signor.
Ti porteremo ai nostri fratelli, ti porteremo lungo le strade. *RIT.*
Voglio donarti queste mie mani, voglio donarti questo mio
cuore. *RIT.*

Salve Regina

Salve Regina, Madre di misericordia. Vita, dolcezza, speranza nostra salve! Salve Regina!
A te ricorriamo, esuli figli di Eva. A te sospiriamo, piangenti, in questa valle di lacrime.
Avvocata nostra, volgi a noi gli occhi tuoi, mostraci dopo questo esilio il frutto del tuo seno Gesù.
Salve Regina, Madre di misericordia. O clemente, o pia, o dolce Vergine Maria, salve Regina!
Salve Regina, salve, salve!

Santo

Santo il Signore Dio dell'universo, i cieli e la terra son pieni della tua gloria.
Osanna nell'alto dei cieli e benedetto colui che viene nel nome del Signore, osanna nell'alto dei cieli.
È santo, santo, santo il Signore della vita.
È santo, santo, santo il Signore della storia, nel cielo e sulla terra risplende la sua gloria.
Osanna, osanna, osanna nel cielo sconfinato.
Osanna, osanna, osanna nel canto del creato.
E sia benedetto colui che viene in nome di Dio. (2v.)

S. Maria del cammino

Mentre trascorre la vita, solo tu non sei mai:
Santa Maria del cammino sempre sarà con te.
Vieni, o Madre, in mezzo a noi, vieni Maria quaggiù.
Cammineremo insieme a te, verso la libertà.
Quando qualcuno ti dice: "Nulla mai cambierà", lotta per un mondo nuovo, lotta per la verità. *RIT.*
Lungo la strada la gente chiusa in se stessa va, offri per primo la mano a chi è vicino a te. *RIT.*
Quando ti senti ormai stanco e sembra inutile andar, tu vai tracciando un cammino un altro ti seguirà. *RIT.*

Su ali d'aquila

Tu che abiti al riparo del Signore, e che dimori alla sua ombra: dì al Signore mio rifugio, mia roccia in cui confido.
E ti rialzerà, ti solleverà su ali d'aquila, ti reggerà sulla brezza dell'alba, ti farà brillar come il sole, così nelle sue mani vivrai.
Dal laccio del cacciatore ti libererà, e dalla carestia che distrugge.
Poi ti coprirà con le sue ali e rifugio troverai. *RIT.*
Non devi temere i terrori della notte, né freccia che vola di giorno. Mille cadranno al tuo fianco, ma nulla ti colpirà. *RIT.*
Perché ai suoi angeli ha dato un comando, di preservarti in tutte le tue vie.
Ti porteranno sulle loro mani, contro la pietra non inciamperai. *RIT.*
E ti rialzerò ti solleverò su ali d'aquila, ti reggerò sulla brezza dell'alba, ti farò brillar come il sole, così nelle mie mani vivrai.

T'adoriamo Ostia divina

T'adoriamo Ostia divina, t'adoriamo Ostia d'amor.
Tu degli angeli il sospiro, tu dell'uomo sei l'onor. *RIT.*
Tu dei forti la dolcezza, tu dei deboli il vigor. *RIT.*
Tu salute dei viventi, tu speranza di chi muor. *RIT.*
Ti conosca il mondo e t'ami, tu la gioia d'ogni cuor. *RIT.*
Ave, o Dio nascosto e grande, tu dei secoli il Signor. *RIT.*

Tu scendi dalle stelle

Tu scendi dalle stelle o re del cielo, e vieni in una grotta al freddo, al gelo. O Bambino mio divino io ti vedo qui a tremar, o Dio beato: ah, quanto ti costò l'avermi amato!
A te che sei del mondo il creatore, mancano panni e fuoco o mio Signore. Caro eletto pargoletto quanto questa povertà più m'innamora, giacché ti fece amor povero ancora!
Tu lasci del tuo Padre il divin seno, per venire a penar su questo fieno. Dolce amore del mio cuore, dove amor ti trasportò.
O Gesù mio, perché tanto patir per amor mio?!
Ma se fu tuo volere il tuo patire, perché vuoi pianger poi, perché vagire? Sposo mio amato Dio, mio Gesù, t'intendo sì.
Ah mio Signore, Tu piangi non per duol, ma per amore.
Tu piangi per vederti da me ingrato, dopo sì grande amor, sì poco amato. O diletto del mio petto, se già un tempo fu così, or te sol bramo. Caro non pianger più, ch'io t'amo, io t'amo.
Tu dormi, o Gesù mio, ma intanto il cuore, non dorme no, ma veglia a tutte l'ore. Deh mio bello e puro agnello.
A che pensi dimmi tu? O amore immenso,
"A morire per te", rispondi, io penso.
Dunque a morir per me tu pensi o Dio. E che altro, fuor di te, amar poss'io? O Maria, speranza mia, se poc'amo il tuo Gesù, non ti sdegnare. Amalo tu per me, s'io no so amare.

Tu sei la mia vita (Symbolum '77)

Tu sei la mia vita altro io non ho,
tu sei la mia strada la mia verità
nella tua parola io camminerò
finché avrò respiro fino a quando tu vorrai:
non avrò paura sai se tu sei con me, io ti prego resta con me.
Credo in te Signore nato da Maria
Figlio eterno e santo, uomo come noi
morto per amore vivo in mezzo a noi:
una cosa sola con il Padre e con i suoi,
fino a quando, io lo so, tu ritornerai per aprirci il regno di Dio.
Tu sei la mia forza altro io non ho
tu sei la mia pace, la mia libertà.
Niente nella vita ci separerà,
so che la tua mano forte non ci lascerà
so che da ogni male tu ci libererai e nel tuo perdono vivrò.

Uomo di Galilea

Uomo di Galilea che passando vai...
Ti prego di toccarmi... e guarito io sarò.
Uomo di Galilea che passando vai...
Ti prego di guidarmi... e la mia strada troverò.
Uomo di Galilea che passando vai...
Ti prego di parlarmi... e la mia vita cambierà.
Uomo di Galilea che passando vai...
Ti prego di liberarmi... e il mio cuore gioirà.
Uomo di Galilea che passando vai...
Ti prego di donarmi... il tuo Spirito d'amor.

Catechismo

Giotto
Affresco
Assisi, Basilica Superiore di San Francesco
L'apparizione al Capitolo di Arles

Verità principali della fede

I due misteri principali

1. Unità e Trinità di Dio.
2. Incarnazione, Passione, Morte della fede e Risurrezione di Gesù Cristo.

I sette sacramenti

1. **Battesimo**
   Il primo dei sette sacramenti che cancella il peccato originale e permette di diventare membro della Chiesa, figlio di Dio, erede del paradiso.
2. **Cresima o Confermazione**
   È il sacramento che conferma gli effetti del Battesimo e perciò è definita anche Confermazione.
3. **Eucaristia**
   Sacramento con cui Gesù, attraverso il ministero sacerdotale, si rende sostanzialmente presente con il suo corpo, con il suo sangue e con la sua divinità sotto le specie del pane e del vino, per offrirsi al Padre e per essere il cibo spirituale dei fedeli.
4. **Penitenza o Riconciliazione**
   Gesù ha istituito questo sacramento perché possano essere assolti i peccati commessi dopo il Battesimo; è anche detto sacramento della Confessione o della Riconciliazione.
5. **Unzione degli infermi**
   Unzione degli infermi o Estrema Unzione è il Sacramento che può essere ricevuto non solo in punto di morte, ma anche più volte nella stessa malattia e che si dà ad anziani e malati come refrigerio spirituale.
6. **Ordine sacro**
   È il sacramento con cui si conferisce ad una persona il diaconato o il presbiterato o l'episcopato per il culto divino e per il servizio pastorale dei fedeli.
7. **Matrimonio**
   È il sacramento con cui la Chiesa Cattolica attribuisce carattere sacro all'unione di un uomo e di una donna.

I sette doni dello Spirito Santo

1. **Sapienza**
   Nel linguaggio biblico è il possesso di saggezza, prudenza, di buon senso e conformità al divino insegnamento che si traduce nelle pratiche della vita.
2. **Intelletto**
   È il possesso e la facoltà con cui si comprendono e si formulano le idee e i loro mutui rapporti.
3. **Consiglio**
   È il dono del senno, della saggezza, della avvedutezza che permette di decidere e giudicare.
4. **Fortezza**
   È il dono attraverso cui lo Spirito Santo perfeziona la virtù e fortifica la volontà.
5. **Scienza**
   Consiste nella capacità di comprendere le cose naturali nella loro relazione con Dio.
6. **Pietà**
   Consiste nella capacità di sviluppare e perfezionare la virtù della giustizia.
7. **Timore di Dio**
   Consiste nella sottomissione e riverenza fiduciosa dell'uomo verso Dio.

Le tre virtù teologali

1. **Fede**
   Virtù teologale per cui si crede in Dio e in quanto Egli rivela e la Chiesa insegna.
2. **Speranza**
   Virtù che concede all'uomo la speranza della visione beatifica di Dio e dell'eterna salvezza.

Norme di vita cristiana

3. **Carità**
Virtù per cui si ama Dio al di sopra di ogni cosa e si ama il prossimo come se stesso, secondo il precetto evangelico.

Le quattro virtù cardinali

1. **Prudenza**
Virtù per cui si riconosce il bene dal male e lo si opera e che costituisce uno degli attributi di Dio.
2. **Giustizia**
Virtù attraverso cui si riconosce e si opera il bene.
3. **Fortezza**
È il dono attraverso cui lo Spirito Santo perfeziona la virtù e fortifica la volontà.
4. **Temperanza**
È la virtù morale che permette di dominarsi e di non eccedere nel soddisfacimento dei bisogni e dei desideri naturali.

I quattro novissimi

1. **Morte**
Termine delle nostra esistenza biologica, mentre la storia delle nostra vita assume dinanzi a Dio la sua forma completa e irreversibile.
2. **Giudizio**
È concepito come il tempo del ritorno di Cristo per giudicare i suoi nemici e far partecipare i fedeli d'ogni tempo alla sua gloria.
3. **Inferno**
Nella concezione cristiana, luogo di dannazione e di eterno dolore per le anime dei peccatori non pentiti.
4. **Paradiso**
Nella concezione cristiana, luogo di beatitudine eterna riservato da Dio alle anime dei giusti come premio del loro comportamento terreno.

I dieci comandamenti di Dio o Decalogo

Io sono il Signore Dio tuo:
1. Non avrai altro Dio fuori di me.
2. Non nominare il nome di Dio invano.
3. Ricordati di santificare le feste.
4. Onora il padre e la madre.
5. Non uccidere.
6. Non commettere atti impuri.
7. Non rubare.
8. Non dire falsa testimonianza.
9. Non desiderare la donna d'altri.
10. Non desiderare la roba d'altri.

I due precetti della carità

1. Amerai il Signore Dio tuo, con tutto il cuore, con tutta l'anima e con tutta la tua mente.
2. Amerai il prossimo tuo come te stesso.

Le beatitudini evangeliche

1. Beati i poveri nello spirito, perché di essi è il regno dei cieli.
2. Beati i miti, perché possederanno la terra.
3. Beati coloro che piangono, perché saranno consolati.
4. Beati coloro che hanno fame e sete di giustizia, perché saranno saziati.
5. Beati i misericordiosi, perché otterranno misericordia.
6. Beati i puri di cuore, perché vedranno Dio.
7. Beati gli operatori di pace, perché saranno chiamati figli di Dio.
8. Beati i perseguitati a causa della giustizia, perché di essi è il regno dei cieli.

Norme di vita cristiana

I cinque precetti generali della Chiesa

1. Partecipare alla Messa domenicale e le altre feste di precetto.
2. Santificare i giorni di penitenza, come dispone la Chiesa.
3. Confessarsi almeno una volta all'anno e comunicarsi almeno nel periodo pasquale.
4. Soccorrere alle necessità della Chiesa, contribuendo secondo le leggi e le usanze.
5. Non celebrare solennemente le nozze nei tempi proibiti (quaresima e avvento).

Le sette opere di misericordia corporale

1. Dar da mangiare a chi ha fame.
2. Dar da bere a chi ha sete.
3. Dare vesti a chi ne ha bisogno.
4. Alloggiare chi non ha casa.
5. Visitare ed assistere gli ammalati e chi è solo.
6. Visitare i carcerati e aiutare gli handicappati.
7. Partecipare al funerale dei fedeli defunti.

Le sette opere di misericordia spirituale

1. Consigliare i dubbiosi.
2. Insegnare a chi non sa.
3. Ammonire chi sbaglia.
4. Consolare gli afflitti.
5. Perdonare le offese ricevute.
6. Sopportare con pazienza le persone moleste.
7. Pregare Dio per i vivi e suffragare i fedeli defunti.

I sette vizi capitali

1. **Superbia**
   Consiste nel nutrire un concetto così alto di sé da negare la propria condizione di creatura di Dio.
2. **Avarizia**
   Attaccamento eccessivo a ciò che si possiede.
3. **Lussuria**
   È l'opposto della temperanza, e cioè l'eccesso nel soddisfacimento dei bisogni e dei desideri naturali.
4. **Ira**
   Violento e smodato desiderio di vendetta.
5. **Gola**
   Eccessivo desiderio di mangiare e di bere.
6. **Invidia**
   Consiste nel dolore per il bene altrui.
7. **Accidia** (ozio)
   Consiste nell'estrema indolenza nell'operare il bene.

I sei peccati contro lo Spirito Santo

1. Disperare della salvezza eterna.
2. Presumere di salvarsi senza merito.
3. Impugnare la verità conosciuta.
4. Invidia della grazia altrui.
5. Ostinarsi nei peccati.
6. Impenitenza finale.

I quattro peccati che offendono maggiormente Dio

1. Omicidio, suicidio, aborto volontario.
2. Peccato impuro contro natura.
3. Oppressione dei poveri.
4. Frode nella paga agli operai.

Linguaggio scritturale

Giotto
Affresco
Padova, Cappella degli Scrovegni
Storie di Cristo. La resurrezione

Alleanza	Nella Bibbia, il patto fatto da Dio con il popolo d'Israele.	Bibbia	La traduzione e l'ampliamento del complesso dei libri sacri dell'ebraismo insieme ai quattro Vangeli, agli Atti degli Apostoli, alle Epistole e all'Apocalisse.
Alleluia	Esclamazione di gioia e lode di Dio; canto di acclamazione che introduce la lettura del Vangelo.	Canone	L'insieme dei libri che si ritengono come rivelazione, sacri, autentici e assolutamente fondamentali.
Antico Testamento	(o Vecchio Testamento), parte della Bibbia che si riferisce ai tempi precedenti alla venuta di Cristo.	Carisma	Dono dello Spirito Santo a un credente come la virtù profetica, l'infallibilità o il parlare in lingue diverse per il bene della comunità.
Antisemitismo	Atteggiamento ostile verso gli ebrei.		
Apocalisse	Ultimo libro del Nuovo Testamento, scritto da San Giovanni Evangelista che parla del destino dell'umanità e della fine del mondo.	Catechesi	L'insegnamento, generalmente svolto oralmente, dei principi fondamentali della religione cristiana.
Apocrifo	Detto di libro che narra fatti della vita di Cristo e dei suoi insegnamenti non riconosciuto come canonico del Nuovo Testamento.	Culto	Manifestazione di riverenza verso la divinità; fede religiosa; insieme dei riti di una religione.
Ascetismo	Complesso delle pratiche di vita che tendono all'elevazione spirituale attraverso digiuno, isolamento, meditazione e preghiera e perciò il distacco dal mondo.	Deuteronomio	Titolo del quinto libro del Pentateuco in cui sono riportati i discorsi di Mosè che contengono i principi generali della vita religiosa e sociale e le leggi regolatrici della nuova società ebraica dopo l'insediamento in Palestina.
Ateismo	Negazione dell'esistenza di Dio.		
Atti degli Apostoli	Quinto libro del Nuovo Testamento scritto dall'evangelista Luca, che descrive le vicende degli apostoli dopo la morte e la risurrezione di Cristo.	Dottrina	L'insieme dei principi fondamentali della religione cristiana.
		Ecumenismo	Tendenza postconciliare della chiesa cattolica e di molte chiese cristiane che mira a dare valore a motivi spirituali presenti in tutte le religioni; movimento che promuove l'unione delle chiese cristiane.
Beatitudine	Ciascuna delle frasi con le quali Gesù enuncia le condizioni che rendono l'uomo beato e che fanno parte del Discorso della Montagna.		
		Epistola	Un brano delle lettere degli Apostoli, letto durante la messa.

Esegesi	Studio e interpretazione critica di testi sacri.
Esodo	Titolo del secondo libro del Pentateuco che narra dell'uscita dall'Egitto del popolo ebraico, condotto da Mosè verso la terra promessa.
Evangelista	Giovanni, Luca, Marco, Matteo – gli autori dei quattro Vangeli canonici.
Genesi	Titolo del primo libro del Pentateuco che narra le origini del mondo e la creazione dell'uomo.
Idolatria	In ambito biblico, ogni culto pagano.
Ispirazione	Impulso illuminante operato da Dio sulla mente umana.
Levitico	Titolo del terzo libro del Pentateuco che tratta i doveri e gli uffici dei ministri del tempio, scelti tra gli appartenenti alla tribù di Levi.
Liturgia	Il complesso delle norme e delle prescrizioni relative a riti o cerimonie che caratterizzano un culto religioso; l'insieme di queste cerimonie.
Mariologia	Parte della teologia cattolica che tratta di Maria e del culto a lei tributato.
Messia	Gesù Cristo, poiché prescelto e inviato da Dio come redentore dell'umanità; nell'Antico Testamento, l'eletto mandato da Dio a soccorrere il popolo d'Israele.
Miracolo	Fatto straordinario che è fuori delle leggi di natura, operato da Dio per manifestare la sua potenza e la sua misericordia.
Mistero	Verità soprannaturale non conosciuta mediante l'intelligenza umana, comunicata all'uomo grazie alla rivelazione divina e proposta come oggetto di fede.
Misticismo	Religiosità profonda che aspira a distaccarsi dalle cose terrene.
Monoteismo	Dottrina che afferma l'esistenza di un solo Dio.
Neopaganesimo	Tendenza della società di oggi ad allontanarsi dai principi etici e religiosi e a mettere in primo piano i valori materiali, richiamandosi ad alcuni aspetti del mondo pagano.
Numeri	Titolo del quarto libro del Pentateuco in cui si riportano dati relativi a censimenti della popolazione israelitica.
Nuovo Testamento	Insieme dei testi biblici che narrano la vita di Cristo e i suoi insegnamenti.
Osanna	Espressione per lodare e salutare Dio.
Padre della Chiesa	Ciascuno degli scrittori dei primi secoli che definirono le dottrine basilari del Cristianesimo.
Paganesimo	Insieme delle religioni, delle credenze e dei culti politeistici, in antitesi con il cristianesimo e il giudaismo che sono monoteistici; atteggiamento che valorizza la vita terrena e rifiuta l'ascetismo.
Parabola	Ciascuno dei brevi racconti di Cristo, usati per spiegare verità di fede o insegnamenti morali attraverso esempi tratti dalla vita quotidiana.

Patriarca	Nell'Antico Testamento, progenitore del popolo ebraico.
Pentateuco	Il complesso dei primi cinque libri dell'Antico Testamento, ispirati da Dio a Mosè, cioè Genesi, Esodo, Levitico, Numeri, Deuteronomio.
Politeismo	Forma di religione caratterizzata da più dei.
Profeta	Chi prevede e predice avvenimenti futuri, parlando per ispirazione divina.
Provvidenza	Ordine attraverso il quale Dio protegge la creazione, guidando lo sviluppo della storia.
Rabbino	Capo spirituale di una comunità ebraica; dottore della legge ebraica.
Rivelazione	Manifestazione di verità di fede da Dio all'uomo.

Soprannaturale	Che appartiene alla sfera del divino e perciò inspiegabile in base a forze o procedimenti della natura.
Teismo	Ogni dottrina che ammette un dio unico e trascendente.
Teologia	Scienza che studia la natura di Dio e delle cose divine.
Trascendenza	La condizione o la proprietà di ciò che è al di sopra della realtà sensibile.
Vangelo	Ciascuno dei primi quattro libri del Nuovo Testamento scritti dai quattro evangelisti, Giovanni, Luca, Marco e Matteo, che tramandano il racconto della vita di Gesù Cristo e il messaggio della redenzione.

Giotto
Tempera su tavola, 343 x 432 cm
Firenze, Chiesa di San Felice in Piazza
Crocifisso

Organizzazione gerarchica

Giotto
Affresco
Assisi, Basilica Superiore di San Francesco
La conferma della regola

Il Papa

Conclave

Luogo chiuso dove si riuniscono i cardinali per eleggere un nuovo papa tramite una votazione segreta che richiede la maggioranza dei due terzi. Una fumata bianca segnala ai fedeli l'esito positivo delle votazioni.

Curia romana

L'insieme dei dicasteri di cui il pontefice si avvale per trattare gli affari riguardanti la Chiesa.

Dogma

Verità contenuta nella rivelazione, proposta come obbligatoria alla fede universale e dichiarata tale da concili ecumenici o dal Sommo Pontefice.

Canonizzazione

Solenne cerimonia religiosa in cui il Papa proclama santo un beato.

Concilio

Assemblea di vescovi riuniti per discutere questioni che riguardano la fede, i costumi e la disciplina del clero. Viene chiamato **concilio ecumenico** o **universale** quando si riuniscono tutti i vescovi della Chiesa per definire questioni di fondamentale importanza.

IL PAPA

Vescovo di Roma
Vicario di Gesù Cristo
Successore del Principe degli Apostoli
Sommo Pontefice della Chiesa Universale
Patriarca dell'Occidente
Primate d'Italia
Arcivescovo e Metropolita
della Provincia Romana
Sovrano dello Stato della
Città del Vaticano

Eresia

Dottrina contraria ai dogmi e ai principi della Chiesa cattolica.

Infallibilità

Il papa è infallibile, cioè non può sbagliare, quando fa dichiarazioni **ex cathedra** in materia di fede e di morale.

Primato

Posizione di supremazia che gode il Papa sugli altri vescovi, in quanto capo della Chiesa.

Simonia

Peccato gravissimo commesso da chi pratica commercio di cose spirituali.

Santità

Titolo reverenziale con il quale ci si rivolge al Papa: Sua Santità Benedetto XVI.

Vaticano

Sede del Papa e della curia pontificia, chiamata anche la **Santa Sede**.

Scisma

Separazione di una comunità di fedeli dalla Chiesa a causa di ragioni dottrinali o disaccordo con la gerarchia .

Setta

Gruppo di persone che segue una dottrina che per aspetti dottrinali o pratici si allontana da quella professata dai più.

Scomunica

Pena che esclude chi ne viene colpito dai sacramenti e dalla partecipazione al culto dei fedeli.

I cardinali

CARDINALE

Alto prelato della Chiesa cattolica, nominato dal Papa. Collabora con lui e lo consiglia nel governo della Chiesa. Sono i cardinali che hanno il diritto di eleggere un nuovo Papa.

Porta croce al collo e anello all'anulare della mano destra; indossa talare nera con finiture (zucchetto e fascia) color rosso vivo.
Eminenza è il titolo reverenziale con cui ci si rivolge ad un Cardinale.

DIACONIA
Titolo e ufficio talvolta attribuito ai cardinali.

SACRO COLLEGIO
L'insieme dei cardinali quando si riuniscono per esercitare le loro funzioni.

I vescovi

VESCOVO

Prelato nominato dal Papa che governa una comunità ecclesiale chiamata diocesi.

Porta croce al collo e anello all'anulare della mano destra; indossa talare nera con finiture (zucchetto e fascia) color viola.
Eccellenza è il titolo reverenziale con cui ci si rivolge a un Vescovo.

Arcivescovo
Vescovo titolare di una **diocesi metropolitana**, cioè di una diocesi principale di una provincia ecclesiastica.

Collegialità
Carattere del governo della Chiesa cattolica postconciliare, che conferisce al **Collegio dei vescovi** presieduto dal Papa piena autorità sulla Chiesa.

Diocesi
Circoscrizione territoriale sotto la giurisdizione pastorale di un vescovo.

Sinodo diocesano
Riunione, indetta dal vescovo, del clero di una diocesi.

Vescovado
o **vescovato**, edificio in cui risiede il vescovo; ufficio di vescovo in relazione alla dignità o alla durata.

I parroci

PARROCO

Sacerdote a cui il vescovo ha affidato l'amministrazione di una parrocchia.

Canonica
Abitazione del parroco, generalmente vicino alla chiesa.

Parrocchia
La più piccola circoscrizione ecclesiastica che fa parte di una diocesi; anche la chiesa e l'edificio in cui il parroco svolge la sua funzione pastorale.

Gli Ordini Religiosi

ORDINE RELIGIOSO

Organizzazione religiosa ufficialmente riconosciuta dall'autorità ecclesiastica, fondata su precisi precetti e regole di vita comune. Fra gli ordini religiosi più noti: gli Agostiniani, i Benedettini, i Carmelitani, la Compagnia di Gesù (i Gesuiti), i Domenicani, i Francescani.

Abbazia
Comunità di religiosi indipendente dalla diocesi; l'insieme degli edifici e dei terreni in cui vive tale comunità.

Badessa
Superiora di un convento di monache.

Chiostro
Cortile porticato che si trova all'interno di conventi, abbazie, e simili; il convento stesso; la vita monastica; la clausura.

Clausura
Regola che limita drasticamente i contatti con il mondo esterno. Alcuni ordini religiosi vivono secondo questa regola e perciò vivono in clausura.

Convento
Edificio dove vivono i religiosi.

Frate
Membro di un ordine religioso mendicante che ha fatto voto di castità, povertà e obbedienza.

Monaco / a
Chi si dedica alla preghiera e alla contemplazione, impegnandosi ad osservare una regola.

Monastero
Edificio o complesso di edifici dove vivono i monaci o le monache.

Priore
Superiore di una comunità religiosa, specialmente monastica.

Regola
Insieme di norme e di obblighi fondamentali che organizzano la vita di un ordine religioso.

Suora
Religiosa che fa parte di un ordine e che ha pronunciato i voti.

I Sacerdoti

SACERDOTE

o presbitero, appartenente alla gerarchia ecclesiastica che ha ricevuto il sacramento dell'ordine e, perciò, in nome di Cristo, può amministrare i sacramenti e guidare una comunità di fedeli.

Apostolato
Opera di diffusione di verità religiose e dottrine morali.

Apostolo
Ognuno dei dodici discepoli mandati da Cristo a predicare il Vangelo.

Celibato
Condizione dell'uomo non sposato. Il **celibato ecclesiastico** viene osservato a livello di regola e voto dai sacerdoti cattolici.

Clero
Il complesso degli ecclesiastici con il compito di amministrare i sacramenti e di guidare spiritualmente i fedeli.

Diaconato
Ordine gerarchico che precede l'ordinazione sacerdotale.

Laico
Credente che non appartiene allo stato ecclesiastico e di conseguenza non ha alcun grado gerarchico.

Ministero
Missione, compito del sacerdote.

Missionario
Ecclesiastico o laico che diffonde la fede e fa opera assistenziale presso popolazioni non cristiane.

Prete
Sacerdote secolare che lavora nella diocesi. Infatti c'è il **clero secolare** che è composto da sacerdoti che svolgono la loro attività sotto l'autorità del vescovo, che fanno allora parte di una diocesi. Il **clero regolare** indica i sacerdoti membri di ordini religiosi e che seguono precise regole di vita.

Capitolo 6

Feste principali

Giotto
Affresco
Padova, Cappella degli Scrovegni
Storie della Madonna. Lo sposalizio

Feste fisse

GENNAIO

1 Capodanno - Maria SS.ma Madre di Dio.

6 Epifania del Signore - la visita dei tre magi alla grotta di Betlemme per adorare il Bambino Gesù. In Italia, questa festa viene chiamata anche la Festa della Befana e segna la fine delle feste natalizie. Un detto popolare : *L'Epifania tutte le feste porta via.*

MARZO

19 San Giuseppe sposo di Maria.

25 Annunciazione - l'arcangelo Gabriele annuncia a Maria Vergine che avrebbe dato alla luce il Figlio di Dio. Da questo momento comincia l'incarnazione di Cristo che assume la natura umana per la redenzione del genere umano dal peccato originale.

MAGGIO

1 Festa di **San Giuseppe Artigiano** - nota anche come festa del lavoro

GIUGNO

13 Sant'Antonio da Padova.

29 San Pietro e Paolo.

AGOSTO

6 Trasfigurazione del Signore - Gesù appare sul monte Tabor in tutta la sua divina bellezza e splendore, con Mosè ed Elia, ai suoi discepoli Pietro, Giacomo e Giovanni.

15 Assunzione al cielo di Maria Vergine - in Italia è anche una festività nota come ferragosto.

SETTEMBRE

25 Natività della Beata Vergine Maria.

OTTOBRE

4 San Francesco d'Assisi - patrono d'Italia.

NOVEMBRE

1 Ognissanti.

2 Commemorazione dei defunti - si ricordano le persone morte.

DICEMBRE

8 Immacolata Concezione - la festa della Madonna concepita senza peccato originale.

25 Natale - la nascita di Gesù a Betlemme. In Italia è molto viva la tradizione del presepe o presepio con le statuine della natività.

Feste Mobili

FEBBRAIO / MARZO

Subito dopo Carnevale, inizia il periodo della Quaresima, un periodo di quaranta giorni in cui si fa penitenza, in preparazione della Pasqua. La Quaresima ha inizio il **Mercoledì delle Ceneri** e termina il **Giovedì Santo**. Nel periodo quaresimale i cristiani digiunano e si astengono dal mangiare carne, almeno il primo giorno di quaresima, e il venerdì santo.

MARZO / APRILE

Il periodo pasquale comincia la domenica prima della settimana santa con la **Domenica delle Palme** che ricorda l'ingresso di Gesù osannato a Gerusalemme. Il **Giovedì Santo** commemora l'istituzione del sacramento dell'eucaristia, il **Venerdì Santo** la passione la crocifissione e la morte di Gesù Cristo. Segue la **Vigilia di Pasqua** e chiude la **Pasqua** con la risurrezione di Cristo. **Pasquetta** o **Lunedì dell'Angelo** è il lunedì successivo alla Pasqua, tradizionalmente festeggiato con gite in compagnia di amici e parenti. Infatti c'è il proverbio: *Natale coi tuoi, Pasqua con chi vuoi.*

MAGGIO

La festa dell'**Ascensione del Signore** ricorda la salita di Gesù Cristo in cielo dopo la Risurrezione. Questo evento viene celebrato quaranta giorni dopo la Pasqua. La domenica che segue l'Ascensione si celebra la Festa di **Pentecoste**, ossia la discesa dello Spirito Santo sugli Apostoli e sulla Vergine, riuniti nel Cenacolo.

GIUGNO

Corpus Domini ricorre tre settimane dopo l'Ascensione ed è una festa che celebra la presenza del corpo e sangue di Cristo nel sacramento dell'eucaristia.

NOVEMBRE / DICEMBRE

L' **Avvento** è un periodo di quattro settimane che precede la festa di Natale. Come la Quaresima, anche l'Avvento è un periodo di preparazione per la venuta di Dio fatto uomo. L'ultima domenica dell'anno, cioè la domenica dopo Natale, è dedicata alla **Sacra Famiglia**.

Oggettistica sacra

Giotto
Oxford, *Tempera su tavola, 13 x24 cm
Madonna col Bambino

patena

leggio

teca

calice

ostensorio

campanelli

ampolline

patena offertoriale

turibolo

navetta

secchiello

cero pasquale

fonte battesimale

lampada Santissimo

asperges / aspersorio

vino bianco

pisside con calicino

portacero

purificatoio

manutergio

corporale

palla

casula

casula

casula

casula

col. rosso

col. verde

col. viola

col. bianco

dalmatica

dalmatica

dalmatica

dalmatica

col. rosso

col. verde

col. viola

col. bianco

tabernacolo

stole sacerdotali

stole diaconali

cingoli

copriambone

ambone

cotta

piviale

camice

fascia

talare

camicia
per talare

camicia
collo romano

camicia clergy

tricorno

zucchetto

fascia

mitre

Per le foto di questo capitolo ringraziamo i sig.ri Raffaele Graziano e Gabriella Filippucci, c/o S. Paolo 1951, Assisi.

Capitolo 8

Glossario essenziale

Giotto
Affresco
Padova, Cappella degli Scrovegni
Gudizio Universale. Part.

Glossario essenziale

(Linguaggio scritturale, Organizzazione gerarchica, Arredi sacri)

A

abbazia	abbey
alleanza	alliance
alleluia	hallelujah
altare maggiore	high altar
ambone (lo)	ambo, lectern
ampollina	cruet
Antico Testamento	Old Testament
antisemitismo	antisemitism
Apocalisse	Apocalypse
apocrifo	apocryphal
apostolato	apostolate
apostolo	apostle
arcivescovo	archbishop
ascetismo	asceticism
asperges (aspersorio)	aspergillum, sprinkler
ateismo	atheism
Atti degli Apostoli	Acts of the Apostles

B

badessa	abbess
beatitudine (la)	beatitude
Bibbia	Bible

C

calice (il)	chalice
camice (il)	surplice
campanello	hand-bell
candela	candle
candeliere	candlestick
canone (il)	Church law, Eucharistic prayer
canonica	priest's house
canonizzazione	canonization
cardinale	cardinal
carisma	charisma
casula	chasuble
catechesi	teaching of catechism or of religious points
celibato	celibacy
cero pasquale	Easter candle
chiostro	cloister
cingolo (cordone)	cordon, cincture
clergy (il)	clerical dress as in Anglo-Saxon countries
clero	clergy
collegialità	collegiality
collo romano	Roman collar
concilio	general council of the Church
conclave (il)	conclave
convento	convent, monastery

copriambone (il)	ambo/lectern cover
corporale (il)	corporal
cotta	short surplice
culto	cult
curia romana	Papal Court, Holy See

D

dalmatica	dalmatic, sleeved liturgical vestment
Deuteronomio	Deuteronomy
diaconato	diaconate
diacono	deacon
diaconia	diaconate
diocesi	diocese
dogma	dogma
dottrina	doctrine

E

ecumenismo	ecumenism
epistola	epistle
eresia	heresy
esegesi	exegesis, interpretation
Esodo	Exodus
evangelista	evangelist

F

fascia	waist band
fonte battesimale (il)	baptismal font
frate (il)	friar

G

Genesi	Genesis

I

idolatria	idolatry
infallibilità	infallibility
ispirazione (la)	inspiration

L

laico	layman
lampada Santissimo	lamp of the Blessed Sacrament
leggio	lectern
Levitico	Leviticus
liturgia	liturgy

M

manutergio	hand towel
Mariologia	section of Catholic Theology that deals with Mary and the worship related to her
Messia	Messiah
ministero	office, ministry
miracolo	miracle
mitria (mitra)	mitre
missionario	missionary
mistero	mystery
misticismo	mysticism
monoteismo	monotheism

N

navetta	incense vessel (often called "navetta")
neopaganesimo	neo-paganism
Numeri	Numbers
Nuovo Testamento	New Testament

O

ordine religioso	religious order
osanna	hosanna
ostensorio	monstrance

P

palla	pall
Padri della Chiesa	Fathers of the Church
paganesimo	paganism
Papa (il)	Pope
parabola	parable
parrocchia	parish
parroco	parish priest
particola (ostia)	host
patena	paten
patriarca (il)	patriarch
Pentateuco	Pentateuch, the first five books of the Old Testament
pisside (la)	pyx
piviale (il)	cope, a long semicircular vestment worn by priests in processions
politeismo	polytheism
portacero	candlestick
prete (il)	priest
primato (il)	primacy, supremacy
priore (il)	prior
profeta (il)	prophet
provvidenza	providence
purificatore (il)	purificator (to clean chalice and paten)

R

rabbino	rabbi, master of Hebrew law
regola	code of practice and discipline for a religious community
rivelazione (la)	revelation

S

sacerdote (il)	priest
sacro collegio	college of cardinals
santità	holiness
scisma	schism
scomunica	excommunication
secchiello	holy water bucket
setta	sect
simonia	simony
sinodo	synod
soprannaturale	supernatural
stola	stole
suora	nun

T

tabernacolo	tabernacle
talare (la)	cassock
teca	case
teismo	theism
teologia	theology
tovaglia	altar cloth
trascendenza	transcendence
tricorno	three-cornered hat
turibolo	thurible, censer

V

Vangelo	Gospel
Vaticano	Vatican
vescovado	episcopate, bishop's palace
vescovo	bishop
vino	wine

Z

zucchetto	skull-cap

 **Guerra** Edizioni

Finito di stampare nel mese di giugno 2007
da Guerra guru s.r.l. - Via A. Manna, 25 - 06132 Perugia
Tel. +39 075 5289090 - Fax +39 075 5288244
E-mail: geinfo@guerra-edizioni.com